Fantasiereisen

Soweit nachfolgend Gruppen- und Personenbezeichnungen Verwendung finden, ist auch immer deren weibliche Form gemeint.

Autoreninfo

Friederike Hellinger wurde 1984 in Thüringen geboren. Seitdem lebt sie mit einer seltenen Muskelerkrankung. 2010 schloss sie das Studium der Sozialen Arbeit in Leipzig ab und zog an die Ostsee. 2011 erschien ihr erstes Buch mit dem Titel *Künstlerisches Schaffen als eine Möglichkeit zur Bewältigung besonderer Lebenslagen*. Seit 2014 ist sie als ehrenamtliche Sterbebegleiterin tätig. Außerdem illustrierte sie das Märchen *Der Drachenelfenjunge* von Iris Camilla Bieder, erschienen 2020.

Friederike Hellinger

Fantasiereisen

Impulse für die Sterbebegleitung

Mabuse-Verlag
Frankfurt am Main

Bibliografische Information der Deutschen Nationalbibliothek

Die Deutsche Nationalbibliothek verzeichnet diese Publikation in der Deutschen Nationalbibliografie; detaillierte bibliografische Angaben sind im Internet unter http://dnb.d-nb.de abrufbar.

Informationen zu unserem gesamten Programm, unseren AutorInnen und zum Verlag finden Sie unter: www.mabuse-verlag.de.

Wenn Sie unseren Newsletter zu aktuellen Neuerscheinungen und anderen Neuigkeiten abonnieren möchten, schicken Sie einfach eine E-Mail mit dem Vermerk »Newsletter« an: online@mabuse-verlag.de.

3. Auflage 2023

Kasseler Str. 1a
60486 Frankfurt am Main
Tel.: 069–70799613
Fax: 069–704152
verlag@mabuse-verlag.de
www.mabuse-verlag.de

Lektorat: Cornelia Caroline Funke M.A., Mainz
Umschlaggestaltung: Marion Ullrich, Frankfurt am Main
Umschlagabbildung: Friederike Hellinger
Satz und Gestaltung: Christian Eberwien, Berlin
Druck: SOL Service GmbH, Schrobenhausen
ISBN: 978-3-86321-549-1

Printed in Germany

Inhalt

Vorwort

Ich wurde 1984 geboren und lebe seit meiner Geburt mit einer seltenen Muskelerkrankung. Im Alter von vier Jahren konnte ich nur mit Hilfe ein paar wackelige Schritte gehen. Richtig laufen konnte ich nie. Wenn ich mit der Unterstützung von meinen Eltern und meiner Therapeutin etwas erlernte, verlernte ich es später wieder. Ich wurde unbeweglicher und schwächer. So gelang es mir, freihändig zu stehen und dann verlernte ich es wieder. Ich lernte, mich allein hinzusetzen und verlernte es wieder. Stolz zog ich mir allein die Hosen hoch. Ein Jahr später war dies nicht mehr möglich. In einer Rehabilitationseinrichtung lernte ich, mich mit Tricks und Hilfsmitteln allein vom Bett auf den Rollstuhl zu setzen. Seit vielen Jahren kann ich das nicht mehr. Inzwischen bin ich nicht mehr dazu in der Lage, mich in der Nacht allein zu drehen. Im Schlaf benötige ich ein Atemgerät. So erlebe ich immer wieder Abschiede von meiner Selbstständigkeit. Trotzdem bin ich ein glücklicher Mensch und möchte mein Leben mit keinem anderen Menschen tauschen. Wie kommt das?

Ich habe meine Familie und Freunde immer an meiner Seite, die mich dabei unterstützen, mein eigenes Lebenskonzept umzusetzen. Familie, Freunde und die richtigen Hilfsmittel gleichen meine körperlichen Einschränkungen aus. Ich lebe selbstbestimmt und genieße mein Leben. Mir ist bewusst, dass dies nur möglich ist, weil ich meine Wünsche und Bedürfnisse mitteile und sie ernst genommen werden. Ich habe erfahren, dass man auch in schwierigen Lebenssituationen Genuss, Freude und Glück empfinden kann. Auf diese Weise konnte ich mich im Krankenhaus zeitweise wie im Urlaub fühlen. Trotz Oberschenkelbruch fuhr ich mit meinem Mann, Freunden und meiner Familie im Klinikpark spazieren und ging Eis essen. Ich saß mit meiner Mutter auf dem Balkon in der Sonne. Es gab Spielnachmittage und an einem Abend brachte meine Cousine mit ihrem Freund selbst gebackene Pizza ins Krankenhaus. Ich hatte ein Zimmer, das meinen pflegerischen Bedürfnissen gerecht wurde und eine vertraute Person konnte immer bei mir bleiben. Die Pflege lief in meinem Tempo und nach meiner Anleitung ab. Mit einer entsprechenden Schmerzmedikation war ich gut eingestellt.

Meinen letzten Krankenhausaufenthalt verbinde ich ebenfalls mit vielen positiven Erinnerungen. Einen Großteil der Zeit konnte mein Mann bei mir sein, der meine Gewohnheiten inzwischen besser kennt als jede andere Person. Er gibt mir das Gefühl, geborgen zu sein und er weiß, wie man mich aufmuntern kann. Er zog mir meine schönen Röcke an und besorgte mir Lieblingsspeisen. Freundinnen brachten mir sinnliche Eindrücke des Weihnachtsmarktes mit ins Krankenhaus. Meine Schwester kam für die Stunden zu mir, in denen mein Mann verhindert war. Sie frisierte mir liebevoll die Haare, gemeinsam verpackten wir Weihnachtsgeschenke für die ganze Familie und verwandelten das Krankenhauszimmer in eine Bastelstube. In diesen Momenten konnte ich vergessen, dass ich krank bin und Schmerzen habe. Das ist für mich Lebensqualität in schwierigen Zeiten.

Es gab aber auch andere Zeiten. Frühere Krankenhausaufenthalte empfand ich als Qual und Strafe. Ich war hilflos, fühlte mich den Schwestern und Ärzten ausgeliefert. Die Besuchszeiten waren sehr begrenzt. Auf die Bedürfnisse der Kinder nach Liebe, Zuneigung und Trost wurde kaum eingegangen. Ob ein Kind vor Angst, Schmerz, Hunger oder Durst weinte, schien unwichtig.

Meine ganz persönlichen Erfahrungen zeigen mir, wie viele Faktoren die Lebensqualität eines Menschen beeinflussen können. Ein hilfsbedürftiger, erkrankter Mensch lebt in besonderer Abhängigkeit von seinem Umfeld. Dessen Bedürfnisse müssen gehört, gesehen und ernst genommen werden. Nur so können Beschwerden im Rahmen einer ganzheitlichen Behandlung gelindert werden. Eine individuelle, bedürfnisorientierte medizinische, pflegerische und psychosoziale Versorgung ist Grundvoraussetzung für das Wohlbefinden eines erkrankten Menschen.

Nun noch ein paar Worte zur Kraft der Fantasie.

Wie ich bereits erwähnte, lernte ich nie laufen. Es war mir also auch nie möglich, wild auf einer Tanzfläche zu tanzen, elegant auf Schlittschuhen über eine Eisbahn zu gleiten oder entspannt mit nackten Füßen am Sandstrand spazieren zu gehen. Diese unerfüllten Wünsche könnten mich traurig stimmen. Glücklicherweise passierte das bisher nie. Bereits als Kind gelang es mir, diese Wunschszenen mit der Kraft meiner Fantasie zu erleben. Bildhafte und emotionale Erlebnisse spielen sich in diesen Momenten vor meinem inneren Auge ab. Meine Fantasie ist dabei so intensiv und lebendig, dass sie erfüllend ist und mich glücklich macht.

Die Kraft der Fantasie kann auch in der Begleitung sterbender Menschen eingesetzt werden, denn unsere Fantasie setzt uns keine Grenzen. Unmögliches wird möglich. In unserer Fantasie können wir überall sein.

1 Einleitung

» Ich öffne die Tür zu einem Zimmer im Hospiz. Am Tisch sitzt eine freundliche alte Dame in einem Rollstuhl. Sie trinkt Kaffee. Das Hospiz ist zu ihrem letzten Zuhause geworden. Verschiedene Blumen, Fotografien, Basteleien und Gemälde der Enkelkinder, klassische Musik und einige Bücher erzählen aus ihrem Leben. Sie sieht mich an und lächelt. Ich stelle mich vor und frage, ob ich ein wenig bleiben darf. Sie nickt und lächelt wieder. Mir fällt auf, dass ihr das Sprechen bereits schwer fällt und frage, ob sie ein Märchen hören möchte. »Ich liebe Märchen« entgegnet sie mir. Da mir die vielen Blumen in ihrer Umgebung besonders auffallen, lese ich ihr ein Märchen mit dem Titel »Zaubergarten« vor. Aufmerksam hört sie zu. Ich bemerke verträumte, sehnsüchtige Blicke. Als das Märchen zu Ende ist, erzählt sie mir, dass sie auch so einen »Zaubergarten« besitzt. Sie sehnt sich nach ihrem Garten, den sie selbst angelegt hat. Für den Weg zu ihrem Wunschort ist sie nun jedoch bereits zu schwach.

» Es ist ein kühler Tag im Frühling. Sonnenstrahlen dringen durch die Wolken. Osterglocken und Krokusse blühen im Vorgarten des Hospizes. Hier sitze ich mit einem Hospizgast. Er erzählt mir, dass er den Sommer im vergangenen Jahr nicht genießen konnte. Ängste, Verzweiflung und Wut haben ihn davon abgehalten. Nun habe er sich damit abgefunden, bald zu sterben. Sein Wunsch ist es, noch einen Sommer zu erleben und die wärmende Sonne zu spüren. An diesem Tag konnte er zum letzten Mal die Natur genießen.

» Ich sitze am Bett einer jungen Frau. Kraftlos liegt sie da. Sie empfindet Übelkeit und leichten Schmerz. Ihre Augen sind wach.

> Ihr vertrautes Zuhause ist für sie nun unerreichbar. Leise und schwach erzählt sie mir von ihren Sehnsüchten. Sie vermisst den heimischen Geruch, den Blick aus ihrem Fenster, ihre schönen Möbel, ihren weichen Teppich, die unzähligen Bilder und sie vermisst das Gefühl, zu Hause zu sein.

Diese drei Begebenheiten sind persönliche Erlebnisse aus meiner Tätigkeit als Sterbebegleiterin. Begegnungen wie diese haben mich dazu inspiriert, die Kraft der Fantasie einzusetzen, um sterbenden Menschen Unmögliches zu ermöglichen. Orte, die unerreichbar geworden sind, können in der Fantasie bildhaft wahrgenommen werden. Die damit verbundenen Emotionen werden real spürbar. Wünsche und Sehnsüchte, die in der letzten Lebensphase nicht mehr erfüllbar sind, können in der Fantasie erlebt werden. Die Fantasiereise ist ein Entspannungsverfahren, mit dem Angehörige und Begleiter die Fantasie des erkrankten Menschen anregen und lenken können.

Wenn wir als Begleiter einem schwer erkrankten Menschen mit einer Fantasiereise positives Erleben ermöglichen möchten, sollten wir Wünsche, Sehnsüchte, Bedürfnisse und die Gefühlswelt des Betroffenen wahrnehmen können. Aus diesem Grund werde ich zunächst die fünf Phasen des Sterbens nach Elisabeth Kübler-Ross beschreiben. Denn es geht darum, wie es uns gelingen kann, Bedürfnisse sterbender Menschen zu erkennen und darauf einzugehen. Im Anschluss erläutere ich die Wirkungsweisen von Fantasiereisen und inwiefern dieses Entspannungsverfahren in der Sterbebegleitung hilfreich sein kann.

Im fünften Kapitel dieses Buches sind elf Fantasiereisen enthalten, die ich speziell für die Anwendung in der Sterbebegleitung verfasst habe. Einige der hier niedergeschriebenen Reisen konnte ich in meiner Tätigkeit als Sterbebegleiterin bereits erproben und deren positive Wirkungen miterleben.

2 Sterbende Menschen begleiten

2.1 Die fünf Phasen des Sterbens nach Elisabeth Kübler-Ross

Verständnis und Empathie für die Emotionen, Fragen und Handlungen lebensbedrohlich erkrankter Menschen sind die Grundlage, um in dieser schweren Lebensphase unterstützend begleiten zu können.

Die Schweizer Wissenschaftlerin Elisabeth Kübler-Ross entwickelte in den 70er Jahren des letzten Jahrhunderts ein Modell, das beschreibt, wie der Mensch seinem bevorstehenden Tod begegnet. Das Modell ist in fünf Phasen gegliedert, in denen die wechselnden Emotionen von Menschen beschrieben werden, die direkt mit der Endlichkeit ihres Lebens konfrontiert werden und diesen schwerwiegenden Gedanken verarbeiten.

Für *Phase 1* ist das Verleugnen der Situation charakteristisch. Betroffene wollen ihr Schicksal nicht wahrhaben. Sie stellen sich viele Fragen, wie: Warum ist es dazu gekommen? Warum muss ausgerechnet ich diese schwere Krankheit haben? Warum soll ich jetzt schon sterben? Sie befinden sich in einer Schocksituation. Hilfreich ist es, wenn sich Begleiter in dieser Phase Zeit nehmen, einfach da sind und die Ohnmacht des Betroffenen aushalten.

In *Phase 2* kommt es zu Gefühlen wie Zorn, Wut und Aggression. Betroffene lehnen sich gegen ihr schweres Schicksal auf. Aggression gegen die Umwelt tritt zutage. Betroffene sind neidisch auf andere. Sie machen sich Selbstvorwürfe, sind niedergeschlagen, hoffnungs- und motivationslos. Begleiter sollten auf diese Phase nicht mit Gegenargumenten reagieren und die starken Emotionen aushalten.

Phase 3 ist geprägt von Verhandlungen mit dem eigenen Schicksal. Betroffene stellen sich die Frage, wie es trotzdem weitergehen kann. Die Offenheit gegenüber Therapieangeboten ist für diese Phase charakteristisch. Betroffene beginnen, ihr Leben zu ordnen. Wünsche, die noch nicht erfüllt sind, werden thematisiert. Innerlich empfinden sie Not und suchen nach Auswegen. Aufgabe der Begleiter ist es, hier die Hoffnung zu stärken, aber vor Illusionen zu bewahren. Behutsame ausführliche Gespräche sind wichtige Instrumente der Begleitung.

Verzweiflung und Depression kennzeichnen *Phase 4*. Betroffene ärgern sich über Dinge, die sie bis jetzt in ihrem Leben versäumt haben. Sie fragen sich, was ihr Leben für einen Sinn hat, wenn es jetzt schon zu Ende gehen soll. Sie sehen keinen Ausweg aus ihrer schweren Lebenssituation und wissen nicht, wie sie mit ihr umgehen sollen. Es fließen viele Tränen. Zukunftsängste dominieren. Vertraute Begleiter sollten verfügbar sein und vermitteln, dass die Traurigkeit normal und angemessen ist. Es wäre schön, wenn es gelingt, die Ängste zeitweise durch Ablenkung zu mindern.

In *Phase 5* kommt es zur Akzeptanz des Schicksals. Die Auseinandersetzung mit der Krankheit, dem Tod, Wünschen für das Lebensende und Vorstellungen für Abschiedszeremonien sind zentrale Themen dieser Lebensphase. Ausgesprochene Wünsche sind hier ernst zu nehmen. Sensibel sind die Bedürfnisse des Betroffenen zu erfragen und zu bedienen (vgl. Verbraucherzentrale 2005: 45).

Diese fünf Phasen geben Anhaltspunkte, treten aber nicht bei jedem Menschen in der beschriebenen Weise und Intensität auf. Es ist auch nicht davon auszugehen, dass sie immer in der genannten Reihenfolge ablaufen. Teilweise werden Phasen übersprungen. Betroffene verbleiben in einer Phase oder durchleben eine bereits erlebte Phase.

2.2 Bedürfnisse sterbender Menschen hören, sehen und verstehen

Gian Domenico Borasio, Inhaber des Lehrstuhles Palliativmedizin an der Universität Lausanne in der Schweiz, beschreibt in seinem Buch *Über das Sterben*, dass sich die Menschen für ihr Lebensende im wesentlichen Schmerzfreiheit und Geborgenheit wünschen. Mit dem Begriff »Geborgenheit« assoziieren viele Menschen, sich in der eigenen Person geborgen zu fühlen. Ebenso von Bedeutung ist der Wunsch nach psychosozialer Geborgenheit. Damit ist ein intaktes familiäres und soziales Umfeld gemeint (vgl. Borasio 2012: 39).

Geborgen fühlt sich ein Mensch, wenn er sich geliebt, angenommen und verstanden fühlt. Aus diesem Grund ist die Kommunikation in der Begleitung eines schwer kranken Menschen und seinen Angehörigen von enormer Wichtigkeit. Die Technik des »aktiven Zuhörens« nach Carl R. Rogers bietet sich hier an. Mit dieser Technik ist eine offene, wertfreie, anerkennende Grundhaltung verbunden, die sich positiv auf das Vertrauensverhältnis auswirkt. Dabei ist es wichtig, den Gesprächspartner zu Ende sprechen zu lassen. Durch eine sachliche Wiederholung der verstandenen Botschaft (Paraphrasieren) werden Missverständnisse vermieden.

Wahrgenommene Gefühle sollten angesprochen werden. Bei Unklarheiten ist Nachfragen angebracht. Das aktive Zuhören ist auch auf nonverbaler Ebene umzusetzen. Die Aufmerksamkeit des Zuhörers kann beispielsweise durch bestehenden Blickkontakt oder verständnisvolles Nicken deutlich werden.

Im Gespräch mit schwer kranken Menschen oder ihren Angehörigen ist besonders auf eine klare, verständliche Aussprache zu achten, da viele Symptome dazu beitragen, dass die Betroffenen sich schlecht konzentrieren können. Zwischen den einzelnen Aussagen sollten Pausen liegen, um dem Gegenüber zu helfen, das Gesagte aufnehmen und verstehen zu können. Die Wahrnehmung ist immer auf die Bedürfnisse des erkrankten Menschen zu richten (vgl. Borasio 2012: 56 ff.).

Um herauszufinden, was aktuelle Wünsche und Bedürfnisse sind, die zum Wohlbefinden eines schwer erkrankten Menschen beitragen können, ist es hilfreich, Betroffene dabei zu unterstützen, die Aufmerksamkeit auf sich selbst zu lenken. Es ist immer von Vorteil, wenn Betroffene von sich aus wissen, was ihnen gut tut. Wenn die erkrankte Person nicht weiß, was ihr im Moment helfen könnte oder nicht mehr sprechen kann, besteht die Möglichkeit, Bedürfnisse mit Ja/Nein-Fragen abzufragen (z.B.: Möchten Sie, dass ich bei Ihnen bleibe? Liegen Sie bequem? Möchten Sie, dass ich Ihnen den Mund befeuchte? Soll ich Ihnen etwas zu trinken reichen? Ist Ihnen warm genug? Möchten Sie eine Geschichte hören?). Diese Fragen können auch nonverbal beantwortet werden, indem die Hand einmal für die Antwort »Ja« gedrückt wird und zweimal für die Antwort »Nein«. Alternativ kann für die Kommunikation auch eine Symbol- oder Buchstabentafel eingesetzt werden. Mit Nicken oder Augenzwinkern wird hier das Gemeinte bestätigt.

Wichtig ist, dass die erkrankte Person entscheidet, was zu tun ist. Ein sensibler Umgang und genaue Beobachtung sind Voraussetzung für das richtige Maß an Nähe und Zuwendung (vgl. Verbraucherzentrale 2005: 47 f.; Kübler-Ross 2012: 84).

Es ist von Vorteil, die Vorlieben des erkrankten Menschen zu kennen. Handelt es sich um eine Person, die früher Umarmungen und körperliche Nähe genossen hat, ist zu vermuten, dass sie die Nähe auch am Krankenbett benötigt. Jedoch können sich die Bedürfnisse im Krankheitsverlauf auch plötzlich ändern. Aus diesem Grund ist immer auf die Körpersprache zu achten. Körperkontakt ist besonders achtsam und respektvoll einzusetzen. Sterbende möchten manchmal gehalten werden und körperliche Nähe spüren. Zu einem anderen Zeitpunkt kann schon eine leichte Berührung der Hand als störend empfunden werden (vgl. Tausch/Bickel 2013: 8).

In meiner Anfangszeit als Sterbebegleiterin besuchte ich eine ältere Dame über mehrere Monate im Hospiz. Sie war sehr aufgeschlossen, herzlich und teilte immer mit, wie sie sich über meinen Besuch freute. Sie empfand es als unangenehm allein zu sein. Nach jeder Begrüßung hielt sie meine Hand noch lange fest. Nähe und Körperkontakt waren für sie wichtig. Als sie sich nicht mehr verbal mitteilen konnte, hielt ich ihre Hand und streichelte dabei ihren Handrücken. Ihre entspannten Gesichtszüge sowie eine leichte Bewegung der Hand in meine Richtung zeigten mir, dass sie diese sanfte Berührung genoss.

Später durfte ich wieder eine sehr aufgeschlossene, herzliche und kommunikative alte Dame begleiten. Von ganzem Herzen freute sie sich über Gesellschaft und intensive Gespräche. Meist bin ich über eine Stunde bei ihr gewesen. Immer, wenn ich mich verabschieden wollte, fiel ihr ein weiteres, wichtiges Gesprächsthema ein. Doch am Ende ihres Lebens wandte sie sich gelegentlich ab, drehte ihren Kopf weg, wenn sie Besuch bekam. Zu jeder Zeit ist die Körpersprache genau zu beobachten und wie bei diesem Beispiel, das Bedürfnis nach Ruhe zu akzeptieren.

2.3 Total-Pain-Modell

Weitere Antworten auf die Frage, was Menschen am Lebensende brauchen, finden wir in der »Palliative Care« (Palliativversorgung), die sich grundlegend mit diesem Thema beschäftigt. In diesem Zusammenhang ist die Definition der Weltgesundheitsorganisation (WHO 2002) aufschlussreich:

> Palliative Care ist ein Ansatz zur Verbesserung der Lebensqualität von Patienten und ihren Familien, die mit einer lebensbedrohlichen Erkrankung konfrontiert sind. Dies geschieht durch Vorbeugung und Linderung des Leidens mittels frühzeitiger Erkennung und korrekter Beurteilung der Behandlung von Schmerzen und anderen Be-

> schwerden körperlicher, psychologischer und spiritueller Art. (http://www.dhpv.de/themen_hospiz-palliativ.html).

Bei dieser Definition sind die körperlichen, psychosozialen und spirituellen Probleme in ihrer Bedeutung gleichwertig. Die Notwendigkeit einer multiprofessionellen Begleitung in der Palliativbetreuung wird hier beschrieben. Dieses Konzept war für Dame Cicely Saunders bereits selbstverständlich. Im Jahr 1967 gründete sie das erste Hospiz weltweit in London und verstand sich als »one-woman-multiprofessional-team«. Sie war Krankenschwester, Ärztin und Sozialarbeiterin in einer Person (vgl. Borasio 2012: 61f.).

Eine gezielte medikamentöse Schmerztherapie wird durch palliativmedizinische Betreuung, spirituelle und psychosoziale Begleitung ergänzt. Dabei ist besonders der systemische Blick auf das soziale Umfeld des Betroffenen und die Ressourcenorientiertheit bedeutend. Der ganzheitliche Behandlungsansatz nach dem Total-Pain-Modell (Absoluter-Schmerz-Modell) beinhaltet somit die psychische, physische, spirituelle und soziale Versorgung. Symptome wie Schmerzen, Übelkeit, Erbrechen, Atemnot, Unruhe können nicht nur medizinische Ursachen haben, sondern auch psychischen, sozialen oder spirituellen Problemen zugrunde liegen. Ein Symptom kann durch vielfältige Komponenten beeinflusst werden. Genauso facettenreich muss dementsprechend der Behandlungsansatz in der Palliativmedizin sein. Psychische Belastungsfaktoren können beispielsweise Einsamkeit, Angst, Wut oder Trauer sein. Im sozialen Kontext können fehlende soziale Kontakte oder Existenzfragen Ursachen für Symptome sein. Spirituell kann es zu Glaubenskrisen kommen (vgl. Feddersen/Seitz/Stäcker 2015: S. 21ff.). Die Spiritualität eines Menschen beschreibt sein persönliches Verständnis vom Sinn des eigenen Lebens. In schweren Lebenssituationen kann die eigene Spiritualität eine Ressource sein (vgl. Borasio 2012: 89).

Am Beispiel der Atemnot lässt sich gut nachvollziehen, wie wichtig ein ganzheitlicher Behandlungsansatz ist, um belastende Symptome zu lindern. Atemnot löst schwerste existenzielle Ängste aus. Diese

Ängste verstärken die Atemnot, folglich verstärkt sich das Angstempfinden bis hin zur Panikattacke. In der Palliativmedizin spricht man vom »Teufelskreis der Atemnot«. Nichtmedizinische Behandlungsmöglichkeiten können hier hilfreich sein. Die ruhige Anwesenheit von Angehörigen oder Begleitern, eine geeignete Lagerung, frische Luft und die Konzentration auf einen gleichmäßigen Atemrhythmus sowie gezielte Atemübungen aus der Atemtherapie durchbrechen den »Teufelskreis« und lindern die Atemnot (vgl. Borasio 2012: 71f.).

Die Fantasiereise ist ein Entspannungsverfahren, welches zu einer gleichmäßigen, ruhigen Atemfrequenz beitragen kann und im Zustand der Entspannung von Ängsten und innerer Anspannung befreit. Im nächsten Kapitel gehe ich auf die vielseitigen Wirkungsweisen von Fantasiereisen ein.

3 Entspannung durch Fantasiereisen

3.1 Entspannungsverfahren mit ganzheitlichem Ansatz

Fantasiereisen können die Erlebniswelt des Zuhörers positiv beeinflussen, da sie alle Sinne ansprechen. Die Sensibilität der Sinne wird durch bildhafte Beschreibungen erhöht. Kreative Ressourcen werden durch Wörter und Texte stimuliert. Das gehörte Wort ist ein äußerer Reiz, der nach innen wirkt. Alle Informationen werden in Bildern aneinandergereiht und mit den Erinnerungen des Langzeitgedächtnisses abgeglichen. Dies funktioniert, weil der Mensch überwiegend in Bildern denkt. Es kommt zu bewussten und unbewussten Erfahrungen, die bei geeigneten Stimuli Gefühle von Zufriedenheit, innerer Ruhe, Glück, Sinnlichkeit und Leichtigkeit hervorrufen. Das Wahrnehmen und Genießen der positiven Gefühle bewirkt, dass der Zuhörer seine Realität loslassen kann und Ruhe findet. Während der Fantasiereise werden Unruhe und Ängste abgebaut (vgl. Drießner 2008: 9 und 11).

Die Anwendung von Entspannungsverfahren ist immer als ganzheitlicher Ansatz zu verstehen. Einflüsse auf den Körper wirken sich auf die psychische Verfassung aus und umgekehrt. Dies gilt für negative und positive Einflüsse. Mit einer Fantasiereise werden durch den gesprochenen Text positive Bildinhalte visualisiert. Diese schieben sich über die persönliche Realität. Auf diese Weise gelingt es, Abstand von der Realität zu gewinnen und die Entspannung setzt ein. Während der Entspannungsphase befindet sich der Zuhörer in einem Zustand eines herabgesenkten Bewusstseins. Durch die Aneinanderreihung von Bildern mit hohen Gefühlswerten entsteht szenisches Erleben. Die Wünsche des Menschen nach Ruhe, Frieden und Gelassenheit nehmen Einfluss auf das filmhafte Erleben und wirken sich positiv auf die Stimmungslage aus. So können Fantasiereisen zum psychischen Wohlergehen beitragen, vergleichbar mit schönen Urlaubsfotos, die positive Erinnerungen hervorrufen. Erlebtes wird wieder lebendig. Gefühle wie Glück, Zufriedenheit und Dankbarkeit werden spürbar (vgl. Drießner 2008: 34f.).

Im Zustand der ganzheitlichen Entspannung kommt der Zuhörer in Einklang mit sich selbst. Er blickt aus einer anderen Perspektive auf Erlebtes. Die positiv gesteuerten Wahrnehmungen wirken sich beruhigend auf das vegetative Nervensystem aus. Atmung und Herzschlag werden ruhiger und gleichmäßiger. Die Gefäßmuskulatur entspannt sich. Infolge dessen können Beschwerden wie Kopfschmerzen, Magenschmerzen und Darmschmerzen gelindert werden. Emotionen werden durch gezielte Beschreibungen positiv beeinflusst. Wahrnehmung und Wirklichkeit verschmelzen. Die Fantasiereise wird zu einem Erlebnis für die Seele, bei dem sich der gesamte Organismus entspannen kann (vgl. Drießner 2008: 21).

3.2 Psychische und physische Entspannungsreaktionen

Die Entspannungsreaktion lässt sich als psychophysiologischer Prozess beschreiben, bei dem das Erregungsniveau herabgesetzt wird. Entspannungsverfahren können auf physiologischer und psychologischer Ebene Positives bewirken. Allgemeines Wohlbefinden, Wärmeempfinden, eine angenehme Körperschwere sowie eine geringere Atemfrequenz sind körperliche Entspannungsreaktionen. Durch die körperliche Entspannungsreaktion werden positive Gefühle, wie Zufriedenheit und Glück, begünstigt und negative Gefühle, wie Angst und Traurigkeit, rücken in den Hintergrund (vgl. Petermann 2010: 41).

Ein entspannter geistiger Wachzustand kann als kognitive Veränderung beobachtet werden. Die Wahrnehmung für äußere Reize, wie Licht, Lärm und Berührungen, erhöht sich. Das Ausgeruhtsein verbessert die Konzentrationsfähigkeit. Das Aktivitätsniveau verringert sich, da Außenreize kaum Reaktionen auslösen. Eine Linderung motorischer Unruhe und ein ausgeglichenes Verhalten sind das Ergebnis (vgl. Petermann 2010: 72).

Physische Entspannungsreaktionen im Überblick (vgl. Petermann 2010: 52–65):

- Die Anspannung der Muskulatur lässt nach und damit nimmt auch die Stützmotorik ab.
- Reize auf das motorische System sowie neuromuskuläre Aktivitäten sind rückläufig.
- Der Herztonus reduziert sich aufgrund der körperlichen, emotionalen und kognitiven Entlastung.
- Der Blutdruck sinkt.
- Die periphere Gefäßerweiterung wird durch Kribbeln und Kitzeln in Händen, Armen, Füßen und Beinen spürbar.
- Körperliche Wärmesensationen nehmen durch vermehrten Blutfluss in den Extremitäten zu, was der natürlichen Gefäßerweiterung zugrunde liegt.
- Durch die körperliche Entlastung wird die Atmung flacher und gleichmäßiger.
- Atemvolumen und Atemfrequenz nehmen ab.

- Die Pausen zwischen Einatmung und Ausatmung verlängern sich.
- Die Schweißdrüsensekretion ist rückläufig.

4 Fantasiereise als ein Medium zur Verbesserung der Lebensqualität

4.1 Ein hilfreiches Entspannungsverfahren für die Sterbebegleitung

Mit einer Fantasiereise wollen wir einen Menschen dort abholen, wo er sich befindet. Die Kraft der Fantasie soll zur Symptomlinderung beitragen und positives Erleben bewirken. Auf diese Weise können Fantasiereisen die Lebensqualität eines kranken Menschen verbessern. In der Sterbebegleitung begegnen uns Menschen, die durch Symptome wie Übelkeit, Atemnot, Unruhe, Schlafstörungen, Ängste sowie psychischen und physischen Schmerz stark belastet sind. Ziel der Fantasiereise ist es, diese Symptome zu lindern und so zum allgemeinen Wohlbefinden des Betroffenen beizutragen. Weitere Ziele sind, mit der Kraft der Fantasie Sehnsüchte zu stillen, nicht gelebte Träume zu erleben, Unerledigtes zu erledigen und so den Abschied und das Loslassen zu erleichtern.

Worte sollen positive Bilder hervorrufen, die Fantasie anregen und damit die Gefühle positiv lenken. Fantasie und Kreativität sind von hoher Bedeutung für die Bewältigung schwerer Lebensphasen. Mit gelenkten Fantasiereisen kann eine Bewusstseinserweiterung erzielt werden. Im Erfahren und Erleben dieses Entspannungsverfahrens lassen sich neue Denkansätze entwickeln, um die äußere Welt besser annehmen zu können. In seiner Fantasie kann sich der Mensch entfalten. Grenzen der äußeren Welt lassen sich überwinden. Die Konzentration nach innen begünstigt den Selbstfindungsprozess des Menschen und hat eine befreiende Wirkung (vgl. Drießner 2008: 21).

Im Delirium, welches bis zu 80 % der Palliativpatienten durchlaufen, ist die Fantasiereise vermutlich kontraindiziert (vgl. Borasio 2012: 73). Generell müssen Angehörige und in der Sterbebegleitung Tätige achtsam entscheiden, ob und wann eine Fantasiereise hilfreich sein kann.

Ich möchte hier ein Beispiel aus meiner Tätigkeit als Sterbebegleiterin im Hospiz beschreiben. Es geht um eine ältere Dame, die ich regelmäßig besuchte. Wir waren uns vertraut. Sie wirkte immer sehr klar, dankbar und erzählte, dass sie bereit sei zu gehen. Eines Abends hatte sich ihr Zustand deutlich verändert. Sie war sehr unruhig, bekam schlecht Luft und fand trotz Müdigkeit nicht in den Schlaf. Gedanken formulierte sie teilweise ohne erkennbaren Zusammenhang.

Obwohl ich nie zuvor mit ihr eine Fantasiereise durchgeführt hatte, bot ich ihr eine Reise an. Sie ließ sich darauf ein und schloss die Augen. Ich konnte beobachten, wie ihre Atmung nach und nach ruhiger wurde. Ihr Gesicht entspannte sich. Nach etwa fünf Minuten schlief sie für 15 Minuten. Ich blieb an ihrem Bett sitzen, um sie nicht mit störenden Geräuschen zu wecken. Als sie wieder aufwachte, lächelte sie und war wieder so klar, wie ich sie von meinen vorherigen Besuchen kannte.

Die Fantasiereise ist eine von vielen Möglichkeiten, um die Lebensqualität eines sterbenden Menschen positiv zu beeinflussen. Betroffene müssen offen für dieses Entspannungsverfahren sein und darauf eingestimmt werden. Nicht jeder schwer erkrankte Mensch empfindet dieses Medium als hilfreich.

4.2 Hinweise zur Vorbereitung

Grundvoraussetzung für die Durchführung einer erfolgreichen Fantasiereise ist die Bereitschaft des Zuhörers, sich auf das Entspannungsverfahren einzulassen und eine bereits bestehende Vertrauensbasis.

Vor jeglicher Maßnahme sind die körperlichen Bedürfnisse des Sterbenden zu bedienen. Es ist wichtig, die erkrankte Person möglichst schmerzfrei zu halten. Je weniger Schmerz oder anderweitige körperliche Leiden ein Mensch aushalten muss, umso wirkungsvoller sind emotionale oder spirituelle Hilfen (vgl. Kübler-Ross 2012: 83).

In der Sterbebegleitung sind Entspannungsverfahren vorzugsweise als Einzelbehandlung durchzuführen, um den ganz persönlichen Bedürfnissen der erkrankten Person entsprechen zu können. Das Thema der Fantasiereise kann so individuell gewählt werden.

Für eine ungestörte, entspannte Reise müssen Störquellen ausgeschaltet werden. Der Raum sollte gut durchgelüftet sein. Danach werden Türen und Fenster geschlossen. Es ist von Vorteil, ein Hinweisschild außen an der Tür zu befestigen, um Störungen zu vermeiden. Des Weiteren muss für eine angenehme Raumtemperatur gesorgt werden. Bequeme Kleidung, Decken, Kissen und eine entspannte Körperhaltung sollen zum Wohlbefinden beitragen. Die Fantasiereise kann im Liegen oder im Sitzen durchgeführt werden.

Gedämpftes Licht hat eine beruhigende Wirkung. Es ist aber auch hier wichtig zu erfragen, was als angenehm empfunden wird. Die wärmende, helle Sonne hinter einer Fensterscheibe kann ebenfalls als wohltuend empfunden werden.

Für eine positive Bewertung der körperlichen Reaktionen sind mögliche Entspannungsreaktionen vorher zu schildern. Folgende Reaktionen könnten während der Entspannung auftreten (vgl. Drießner 2008: 32):

› Kribbeln in den Händen und Fingern

› Muskelzuckungen

› Magenknurren

› Taubheitsgefühle in Händen und Füßen

› Atmung geht gleichmäßig, tief, verlangsamt

› erhöhter Speichelfluss und Schluckgeräusche

Es sollte eine realistische Erwartungshaltung bestehen. Im Vorfeld muss geklärt werden, was das Entspannungsverfahren leisten kann und was es nicht leisten kann. Wie bereits beschrieben kann eine Fantasiereise nicht heilen, sondern ausschließlich zum Wohlbefinden einer Person beitragen.

Dem Zuhörer muss die Sicherheit gegeben werden, dass die Fantasiereise zu jeder Zeit beendet werden kann, sobald er sich nicht mehr wohl fühlt und andere Wünsche formuliert werden. Die Bedürfnisse des erkrankten Menschen stehen immer im Vordergrund. Besonders bei schwer Erkrankten und Sterbenden können sich die Bedürfnisse kurzfristig ändern.

Es ist auch möglich, dass innere Bilder unerwartet negative Emotionen auslösen und der Zuhörer die Reise aus diesem Grund lieber beenden möchte. Sofern sich der Zuhörer nicht mehr verbal äußern kann, sollte ein einfaches, nonverbales Zeichen vereinbart werden, welches signalisiert, dass die Reise abgebrochen werden soll (z.B. Augen öffnen und zwinkern).

Um den Einstieg in eine Fantasiereise zu erleichtern, können Gegenstände, Bilder, Gerüche oder Geräusche eingesetzt werden, die im Zusammenhang mit der Reise stehen. Aufgeschnittene Früchte, Kräuter, Naturmaterialien oder Fotografien haben häufig einen Wiedererkennungswert. Auf diese Weise werden die Sinne angeregt und die Fantasie aktiviert. Die Aufmerksamkeit wird fokussiert, Erinnerungen werden geweckt. Es ist auch möglich, im Vorfeld über Erinnerungen ins Gespräch zu kommen. Damit fällt es dem Zuhörer leichter sich auf die Fantasiereise einzulassen und das Erleben der gesprochenen Bilder wird intensiver (vgl. Drießner 2008: 39 f.).

Um möglichst gute Voraussetzungen für eine wirkungsvolle Fantasiereise zu schaffen, folgt nun eine Checkliste, die zur Vorbereitung jeder Fantasiereise dienen kann:

› Mögliche Störquellen sind ausgeschaltet (Handys sind aus. An der Tür hängt ein Schild mit der Aufschrift »Bitte nicht stören!«. Die Fenster sind geschlossen, wenn Straßenlärm die Ruhe stört.)

› Der Raum ist gut gelüftet und hat eine angenehme Temperatur.

› Das Licht im Raum wirkt warm, angenehm und ist nicht zu hell.

› Für eine realistische Erwartungshaltung zu dieser Entspannungsmaßnahme wurde gesorgt.

› Für ein positives Erleben wurden mögliche Entspannungsreaktionen des Körpers erklärt.

› Es wurden Decken, Kissen und Lagerungskeile zur Verfügung gestellt und nach Bedarf Hilfestellung gegeben. Eine bequeme Körperhaltung und ein angenehmes Körpergefühl sind wichtig. Manche benötigen eine Decke, nur um sich sicher zu fühlen.

› Essenzielle körperliche Bedürfnisse wurden bedient (z. B. verspürt der Sterbende momentan kein Hunger- oder Durstgefühl, ein Toilettengang ist nicht notwendig, die Schmerzmedikation ist ausreichend).

› Es wurde ein Zeichen vereinbart, welches signalisiert, dass die Reise abgebrochen werden soll, da die Fantasiebilder unerwartet unangenehme Emotionen auslösten oder weil plötzlich andere Bedürfnisse im Vordergrund stehen.

› Es ist geklärt, ob die Fantasiereise als Unterstützung zum Einschlafen dienen soll, oder ob eine Rückholformel gewünscht ist.

› Die Bereitschaft, sich JETZT auf die Fantasiereise einzulassen, ist vorhanden.

4.3 Hinweise zur Durchführung

Bevor die Fantasiereise beginnt, sind unbedingt die Bereitschaft und das Wohlbefinden des Zuhörers zu überprüfen (siehe Checkliste).

Für den Zuhörer ist es wichtig zu wissen, dass abschweifende und gelegentlich störende Gedanken normal sind. Das Verständnis dafür unterstützt die Bereitschaft, sich auf die Reise einzulassen, auch wenn es teilweise schwer fallen kann. Die Kernaussage »Gedanken kommen und gehen!« ist dabei hilfreich (vgl. Drießner 2008: 38).

Während der Fantasiereise ist eine direkte Ansprache des Gegenübers mit »Du« oder »Sie« angebracht. Der Zuhörer soll sich persönlich angesprochen fühlen. Der Text ist ruhig mit einfühlsamen Pausen zu sprechen, um ausreichend Zeit für Assoziationen einzuräumen. Eine langsame und deutliche Aussprache ist wichtig. Im Hintergrund kann leise Entspannungsmusik gespielt werden.

Am Ende der Fantasiereise ist eine Rückholformel zu sprechen, sofern der Zuhörer im Anschluss nicht schlafen möchte. Diese führt in das »Hier und Jetzt« zurück. Dabei sollte die Stimme bestimmter und lauter eingesetzt werden. Ein Beispiel: »Ich zähle jetzt bis fünf und bei fünf bist du wieder wach.« Die Betonung liegt hier auf dem Wort »wach« (vgl. Hiller von Gaertringen-Krapf 2005: 3).

4.4 Hinweise zur Reflexion

In einem Reflexionsgespräch ist zu erfragen, wie es dem »Reisenden« während der Fantasiereise ergangen ist und wie er sich danach fühlt. Gibt es eventuell Bilder oder Erinnerungen, die ihn noch beschäftigen? Ist ein verbaler Austausch aufgrund der fortgeschrittenen Erkrankung nicht mehr möglich, sollte das Empfinden möglichst nonverbal nachvollzogen werden können. Wie bereits beschrieben, kann hier eine Symbol- oder Buchstabentafel hilfreich sein. Alternativ sind Ja/Nein-Fragen zu stellen. Folgende Fragen könnten Verwendung finden: Konnten Sie sich auf die Reise einlassen? Ist es Ihnen gelungen, sich während der Reise zu entspannen? Fühlen sie sich jetzt besser als vor der Reise? Gibt es noch einen Gedanken, der während der Reise aufgekommen ist und Sie jetzt sehr beschäftigt? Ist es ein schöner Gedanke? Ist es ein belastender Gedanke? (...)

Der Zuhörer ist nach der Fantasiereise nicht mit bewegenden Emotionen und Gedanken allein zu lassen, es sei denn, es ist sein Wunsch. Eine Fantasiereise ist eine Reise ins Ich und macht das Entspannungsverfahren zu einem ganz persönlichen Erlebnis (vgl. Drießner 2008: 33).

5 Anwendungsbeispiele

5.1 Dein Strandkorb am Ostseestrand

Materialempfehlung zur Einstimmung:

Zur Einstimmung auf die Fantasiereise »Dein Strandkorb am Ostseestrand« eignen sich Steine, Muscheln, abgefüllter Sand oder Bilder von der Ostsee. Mit einer Audioaufnahme der bewegten See oder mit einer Ocean Drum kann die Ostsee hörbar werden. Die nachfolgend abgedruckten Fantasiereisen verwenden »Du« als direkte Ansprache des Gegenübers, es kann natürlich auch »Sie« eingesetzt werden. Empfohlene Pausen sind so gekennzeichnet: (...).

Durchführung:

Und nun mach es dir richtig bequem (...) so bequem wie möglich. (...)
Wenn du eine bequeme Körperhaltung für dich gefunden hast, dann schließ deine Augen. (...)
Atme tief ein und aus, (...) ein und aus. (...)
Spüre die Unterlage unter dir. (...)
Dein Körper hat eine angenehme Schwere. (...)
Du liegst oder sitzt sicher und bequem. (...)
Du empfindest einen Zustand, in dem du dich entspannen kannst. (...)
Es ist deine Zeit. (...) Eine Zeit für dich ganz allein. (...)
Du darfst sie genießen. (...) Du darfst sie auskosten und mit allen deinen Sinnen spüren. (...)
Die Gedanken kommen und gehen. (...)
Deine Augen sind geschlossen. (...)

Entspannt atmest du ein und aus, (…) ein und aus. (…)
Im Hintergrund hörst du ein Rauschen. (…) Du versuchst, dich auf dieses Geräusch zu konzentrieren. (…)
Es ist ein angenehmes Rauschen, das dir bekannt vorkommt. (…)
Du erkennst es. (…) Es ist das Rauschen der See. (…)
Die Wellen kommen und gehen, (…) kommen und gehen. (…)
Du hörst das Kreischen der Möwen. (…)
Die Stimmen spielender Kinder nimmst du wahr. (…) Es sind zufriedene, lustig klingende Kinderstimmen. (…)
Du atmest wieder tief ein und aus, (…) ein und aus. (…) Die wohltuende, erfrischende, salzige Ostseeluft saugst du förmlich in dich auf. (…)
Stell dir vor, du liegst ganz bequem in deinem Strandkorb. (…) Du bist geschützt vor dem Wind und fühlst dich geborgen. (…)
Auf deiner Haut spürst du die wärmende Sonne. (…) Du spürst ihre Kraft und ihre Energie (…) und nimmst sie in dich auf. (…)
Während deine Arme ganz locker und entspannt neben deinem Oberkörper liegen, (…) spürst du, wie deine Füße den warmen Sand berühren. (…)
Langsam vergräbst du deine Zehen und deine Füße in dem weichen, wärmenden Ostseesand. (…)
Und du genießt es. (…) Es fühlt sich gut an. (…)
Du atmest wieder tief ein und aus, (…) ein und aus. (…) Die salzige, erfrischende Luft kannst du in der Nase spüren und auf der Zunge schmecken. (…)
Von deinem gemütlichen Strandkorb aus beobachtest du nun die bewegte See. (…)
Die Wellen bewegen sich in Richtung Strand, (…) laufen sprudelnd hinauf (…) und fließen wieder zurück. (…)
Wieder bewegt sich eine Welle in Richtung Strand, läuft sprudelnd hinauf und fließt wieder zurück. (…)
Am Horizont siehst du ein Segelschiff. (…) Es ist ein Dreimaster. (…)
Es beruhigt dich zu sehen, wie das Schiff langsam und sicher vom Wind bewegt wird. (…)
Du schaust es dir genau an. (…)

Es wird jetzt in der Ferne immer undeutlicher. (...) Du siehst es, bis du nur noch einen Punkt erkennen kannst. (...)
Nun lenkst du deine Konzentration wieder ganz auf dich. (...)
Die wärmende Sonne auf deiner Haut, (...) der angenehme, frische Ostseewind, der dich umgibt. (...)
Du bist zufrieden und fühlst dich wohl. (...)
Und du verweilst. (...)

(Zwei Minuten Entspannungsmusik oder Meeresrauschen einspielen und nur dann weitersprechen, wenn der Zuhörer sich explizit nicht gewünscht hat, während der Fantasiereise einzuschlafen.)

In Gedanken verabschiedest du dich von deinem Strandkorb und von der Ostsee. Deine inneren Bilder rücken in den Hintergrund. (...)
Du weißt, dass du sie zu jeder Zeit wieder zurückholen kannst. (...)
Du erinnerst dich, wo du dich in diesem Moment befindest. (...)
Du spürst genau, ob du liegst oder sitzt. (...)
Die Geräusche und Gerüche deiner Umgebung kommen dir vertraut vor. (...)
Du atmest noch einmal tief ein und aus, (...) ein und aus. (...)
Du bewegst langsam deine Finger und Hände.
Du bewegst langsam deine Zehen und Füße.
Ich werde gleich bis fünf zählen, (...) und wenn ich bei fünf angekommen bin, dann öffnest du die Augen und bist wach!
Eins, (...) zwei, (...) drei, (...) vier (...) und fünf! Nun öffnest du deine Augen und bist wach!
Wenn du wieder hier angekommen bist, dann kannst du dich etwas aufrichten.

5.2 Feder im Wind

Materialempfehlung zur Einstimmung:

Für die Einstimmung auf die Fantasiereise »Feder im Wind« können ein Fächer und eine Feder genutzt werden. Besonders geeignet ist diese Fantasiereise an windigen Tagen. Bei leicht gekipptem Fenster ist das Rauschen des Windes vermutlich wirkungsvoller als jede Entspannungsmusik. Wenn die Fantasiereise zum Einschlafen dienen soll, kann leise Entspannungsmusik während der Reise oder am Ende eingespielt werden. Diese Fantasiereise eignet sich besonders für Menschen mit Atemnot, jedoch ohne Höhenangst.

Durchführung:

Lege dich so bequem wie möglich hin. (…)
Wenn du eine entspannte Körperhaltung für dich gefunden hast, dann schließ deine Augen. (…)
Atme nun einmal tief ein und wieder aus, (…) ein und wieder aus. (…)
Du liegst bequem und entspannt in einem gemütlichen Zimmer. (…)
Draußen weht ein frischer Wind. (…) Du kannst den Wind von hier aus hören. (…) Du fühlst dich sicher und geborgen. (…)
Stell dir nun vor, der Wind kommt zu dir. (…) Du spürst ihn an deinem Gesicht. (…) Der Wind fühlt sich erfrischend an. (…)
Mit gleichmäßigen, entspannten Atemzügen nimmst du den frischen Wind in dich auf. (…)
Du atmest ein und aus, (…) ein und aus, (…) ein und aus. (…)
Du spürst die Energie des Windes in dir. (…) Wie von allein durchdringt dich die frische Luft. (…)
Du musst dich dabei nicht anstrengen. (…) Die frische, sauerstoffreiche Luft des Windes strömt durch deine Nase. (…)

Du spürst die frische Energie des Windes, wie er durch deine Nase in dich hineinströmt. (...)
Du spürst sie in deinem Kopf. (...) Du spürst sie in beiden Armen. (...)
Du spürst sie in deinen Händen und in jeder einzelnen Fingerspitze. (...)
Wie von selbst hebt und senkt sich dein Brustkorb auf und ab, (...) auf und ab. (...)
Du spürst die frische Energie des Windes in deinem Bauchraum. (...)
Du spürst sie in deinen Beinen. (...)
Du kannst die frische Energie des Windes in deinen Füßen spüren (...) und in jedem einzelnen Zeh. (...)
Du atmest ein und aus, (...) ein und aus. (...)
Dein Brustkorb hebt sich und senkt sich, (...) hebt sich und senkt sich. (...) Du spürst die Kraft und die Energie des Windes im Zentrum deines Körpers. Alles fühlt sich leicht an. (...)
Du fühlst dich leicht an. (...) Du fühlst dich leicht wie eine Feder. (...)
Der Wind trägt dich. (...) Du schwebst im Wind. (...) Du fliegst mit ihm durch die Landschaft. (...)
Du siehst die Bäume, wie sie ihre Kronen im Wind bewegen. (...)
Dabei fühlst du dich sicher. (...) Du kannst das Naturschauspiel genießen. (...)
Du siehst Blätter tanzen. (...) Jeder einzelne Grashalm tanzt. (...)
Du fliegst wie eine Feder, sicher getragen vom Wind. (...)
Du fliegst über Blumenwiesen. (...) Du fliegst über Wälder. (...) Du fliegst über Berge. (...)
Du fliegst über Täler. (...). Du fliegst über Häuser. (...) Du fliegst über Kirchen. (...) Du fliegst über Schlösser. (...)
In einem Schloss bist du zu Hause. (...) Hier fliegst du durch das offene Fenster direkt in dein Zimmer. (...)
Du bist wieder in deinem gemütlichen Zimmer angekommen. (...)

(Zwei Minuten Entspannungsmusik einspielen und nur dann weitersprechen, wenn der Zuhörer sich explizit nicht gewünscht hat, während der Fantasiereise einzuschlafen.)

Deine inneren Bilder von der Reise mit dem Wind rücken nun in den Hintergrund. (…)
Du weißt, dass du sie zu jeder Zeit wieder zurückholen kannst, wenn du möchtest. (…)
Du spürst ganz deutlich den weichen Untergrund unter dir und deine kuschelige Decke auf dir. Du bist wieder angekommen.
Atme noch einmal bewusst tief ein und aus, (…) ein und aus. (…)
Beruhigt kannst du jetzt deine Augen öffnen und bist wach.

5.3 Zimmer der Geborgenheit

Materialempfehlung zur Einstimmung:

Da diese Fantasiereise sehr persönlich ist und deren Inhalte in der Fantasie des Zuhörers verborgen sind, ist eine Einstimmung durch mitgebrachtes Material kaum möglich. Die Vertrautheit mit der Biografie des Zuhörers ist hier Voraussetzung für eine Vorbereitung auf diese Reise. Gegenstände mit emotionalem Wert, Fotos oder Musik aus der Vergangenheit des Zuhörers können eine »Brücke« für den Einstieg sein. Es muss nicht immer im Vorfeld eine intensive Einstimmung mit persönlichem Austausch stattfinden. Eine entspannte Atmosphäre, eine bequeme Körperhaltung und ruhige, einstimmende Worte können ausreichend sein.

Durchführung:

Nimm eine möglichst bequeme Körperhaltung ein. (...)
Spüre, ob du entspannt liegst oder sitzt. (...)
Wenn du eine bequeme Körperhaltung für dich gefunden hast, dann schließ deine Augen. (...)
Atme ein und aus, (...) ein und aus. (...)
Versuch, deine Konzentration ganz auf dich zu lenken. (...)
Das ist deine Zeit. (...) Keiner wird dich stören. (...) Du bist ganz allein für dich da. (...)
Es ist normal, wenn deine Gedanken immer wieder abschweifen. (...)
Gedanken kommen (...) und Gedanken gehen. (...)
Wenn es einen Gedanken gibt, der dich im Moment beunruhigt, (...) verwahre ihn jetzt sicher in einer Truhe, leg ihn ab, um ihn später wieder herauszuholen. (...)
Atme nun noch einmal tief ein und aus, (...) ein und aus. (...)

Du reist gleich an einen Ort, der dir sehr vertraut ist. (…)
Für deine Reise steht dir das Fahrzeug deiner Wahl zur Verfügung. (…) Such dir eines aus. (…)
Du kannst auch entscheiden, ob du allein reisen möchtest, oder ob du Jemanden mitnimmst. (…)
Der Weg führt in eine Gegend, die dir vertraut ist. (…) Eine Gegend, in der du dich zu Hause fühlst (…) oder in der du dich früher einmal zu Hause gefühlt hast. (…)
Du bist unterwegs im Fahrzeug deiner Wahl. (…) Du schaust in die Landschaft. (…)
Die Umgebung wird dir immer vertrauter. (…)
Da sind die Straßen, (…) Plätze, (…) Gebäude, (…) die schöne Erinnerungen in dir wecken. (…)
Aus der Entfernung erkennst du ein sehr vertrautes Haus. (…)
Dieses Haus wirst du heute besuchen. (…) Hat es sich verändert? (…)
Wann bist du zum letzten Mal hier gewesen? (…)
Du kommst immer näher, (…) bist am Ziel. (…)
Du stehst vor der Haustür. (…) Klingeln musst du nicht. (…) Den Schlüssel hältst du in deiner Hand. (…)
Du schließt auf. (…) Öffnest die Tür und betrittst das Haus. (…)
Es sieht noch so aus, wie du es in Erinnerung hast. (…) Es riecht auch noch genauso. (…)
In diesem Haus gibt es ein Zimmer, in dem du dich immer besonders wohlfühltest. (…) Vielleicht ist es dein Zimmer. (…)
Du gehst durch das Haus zu diesem Zimmer. (…) Alles ist dir sehr vertraut. (…) Du öffnest die Tür (…) und betrittst dein Zimmer. (…)
Es ist noch so eingerichtet, wie du es zuletzt verlassen hast. (…)
Der Fußboden, (…) die Tapete, (…) die Gardinen (…) sind dir vertraut.
Du fühlst dich gleich wohl und geborgen. (…)
Vielleicht siehst du Bilder, die du zurückgelassen hast. (…) Du siehst sie dir an. (…)
Du schaust aus dem Fenster, wie du es so oft getan hast. (…)
Vielleicht steht in diesem Zimmer noch ein bequemes Sofa oder ein Sessel. (…)

Hier kannst du dich jetzt etwas ausruhen. (…) Eine Kuscheldecke und ein Kissen sind auch noch da. (…)
Nachdem du dich hingesetzt hast, schweifst dein Blick durch dein Zimmer. (…)
Du siehst persönliche Gegenstände, die du aus bestimmten Gründen nicht mitgenommen hast. (…)
Alles ist mit Erinnerungen verbunden. (…) Du denkst an wertvolle Momente (…) und fängst an zu träumen.
In deinem Traum leben Erinnerungen auf. (…)
Du siehst Szenen und Bilder aus der Vergangenheit, die sich hier begeben haben (…) und du verweilst.

(Zwei Minuten Entspannungsmusik einspielen und dann nur weitersprechen, wenn der Zuhörer sich nicht explizit gewünscht hat, während der Fantasiereise einzuschlafen.)

Als du wieder zu dir kommst, ist es Zeit für die Rückreise. (…)
Noch einmal schaust du dich in deinem Zimmer um. (…) Vielleicht nimmst du dir etwas mit. (…)
Du verlässt dein Zimmer (…) und schließt die Tür. (…)
Du verlässt das Haus (…) und schließt es wieder ab.
Während der Rückreise atmest du tief ein und aus, (…) ein und aus, (…) ein und aus. (…)
Du bewegst vorsichtig deine Hände und deine Finger, (…) deine Füße und deine Zehen. (…)
Du bist wieder hier. Ich zähle gleich bis drei. Wenn ich bei drei angekommen bin, dann öffnest du die Augen und bist wieder wach!
Eins, (…) zwei, (…) drei (…). Öffne nun deine Augen! Du bist wach und wieder hier im Raum angekommen.

5.4 Der verwunschene Garten

Materialempfehlung zur Einstimmung:

Zur Einstimmung auf die Fantasiereise »Der verwunschene Garten« sind Blumen einer Streuwiese oder auch Blüten eines Obstbaums geeignet. Die Blüten kann man riechen, benennen und berühren. Dabei werden mehrere Sinne angesprochen.

Durchführung:

Mach es dir nun so bequem wie möglich. (…)
Wenn du die richtige Körperhaltung für dich gefunden hast, dann schließ deine Augen. (…)
Atme ganz entspannt ein und aus, (…) ein und aus. (…)
Die nächsten Minuten gehören nur dir allein. (…) Es ist deine Zeit, (…) Zeit zu genießen und zu entspannen. (…)
Wenn du bereit bist, nehme ich dich mit auf eine Reise. (…)
Eine Reise in die Welt der Fantasie. (…) Es ist deine Reise. (…)
Es ist ein sonniger Tag im Frühling. (…) Die Temperatur ist sehr angenehm. (…)
Stell dir vor, du stehst vor einer Tür. (…) Sie ist leicht mit Moos bedeckt. (…) Rechts und links von der Tür ranken Pflanzen empor. (…)
Du trittst näher an die Tür, um sie zu öffnen. (…)
Als du die Türklinke nach unten drückst, quietscht sie ein wenig. (…)
Die Tür öffnet sich und du siehst einen wunderschönen Garten. (…)
Der Garten wirkt verwunschen. (…)
Du betrittst den Garten, um ihn dir genauer anzusehen. (…)
Dabei gehst du ganz langsam, um nichts zu übersehen. (…)
Mit deinen Füßen spürst du die weiche bemooste Wiese. (…)
Es fühlt sich frisch an und kitzelt etwas an deinen Fußsohlen. (…)

Der Garten steht in voller Blüte. (…) Du siehst verschiedene Obstbäume, auf denen sich Vögel niederlassen. (…)
Du atmest einen frischen, blumigen Duft ein und genießt es. (…)
Du atmest ein und aus, (…) ein und aus. (…)
Nun läufst du zu einem groß gewachsenen Apfelbaum. (…)
Du fragst dich, wie lang dieser Baum hier schon stehen mag? (…)
Mit deinen Händen berührst du seinen kräftigen Stamm (…) und spürst seine Baumrinde. (…)
Einmal läufst du um diesen Baumstamm herum, (…) dann lehnst du dich an ihn an (…) und schaust von unten in die Baumkrone. (…)
Sie ist stark verzweigt und mit Blüten bedeckt. (…)
Es raschelt, (…) es ist Leben im Baum. (…)
Nun flattert vor deinen Augen ein zitronengelber Schmetterling. (…) Er kommt ganz nah zu dir. (…)
Und fliegt wieder weg. (…) Du folgst ihm, als würde er dir etwas zeigen wollen. (…) Du entfernst dich von dem Apfelbaum und wirst auf einem schmalen Weg entlanggeführt. (…)
Der Schmetterling fliegt zu einer bunten Blumenwiese. (…) Es ist eine wahre Farbenpracht, die dir ein Lächeln ins Gesicht zaubert. (…)
In diesem Moment vernimmst du das Geräusch von quakenden Fröschen. (…)
Du gehst weiter den schmalen Weg entlang, (…) durch eine Hecke hindurch (…) und stehst vor einem kleinen Teich. (…) Den Teich schmücken Seerosen. (…)
Auf einem Stein sitzt ein Frosch. (…)
Hier steht auch eine Bank. Du setzt dich hin. (…)
An der Wasseroberfläche siehst du immer wieder Goldfische. (…)
Es beruhigt dich, das Leben in diesem kleinen Teich zu beobachten. (…)
Dabei atmest du tief ein und aus, (…) ein und aus. (…)
Und du verweilst. (…)

(Zwei Minuten Entspannungsmusik einspielen und dann nur weitersprechen, wenn der Zuhörer sich nicht gewünscht hat, während der Fantasiereise einzuschlafen.)

Nun erhebst du dich von der Bank (…) und verlässt den Gartenteich. (…)
Du läufst den schmalen Weg zurück (…) an der bunten Blumenwiese vorbei. (…) Du genießt noch einmal dieses Farbenspiel. (…)
Und läufst weiter (…) und verabschiedest dich von dem alten Apfelbaum. (…)
Gleich hast du die Tür erreicht, die aus dem Garten führt (…) und dich wieder hier in den Raum zurückbringt. (…)
Langsam verblassen die Bilder des Gartens vor deinem inneren Auge. (…)
Sie rücken in den Hintergrund. (…) Du weißt, dass du sie zu jeder Zeit wieder sehen kannst. (…)
Du atmest noch einmal tief ein und aus, (…) ein und aus. (…)
Während ich bis acht zähle, verlässt du den Garten und schließt die Tür hinter dir. (…)
Bei acht bist du wieder wach und öffnest deine Augen.
Eins, (…) zwei, (…) drei, (…) vier, (…) fünf, (…) sechs, (…) sieben, (…) acht (…) und du bist wach und öffnest deine Augen.

5.5 Spaziergang im Auwald

Materialempfehlung zur Einstimmung:

Für die Fantasiereise »Spaziergang im Auwald« kann Baumrinde, wenn möglich Eichenlaub oder ein Weidenzweig zur Einstimmung genutzt werden. Entspannungsmusik mit Naturgeräuschen (z.B. sprudelnder Bach, Vogelstimmen) ist hier sehr passend.

Durchführung:

Ich möchte dich auf eine Reise einladen. (…)
Mit der Kraft deiner Fantasie kannst du die Natur erleben, wenn du bereit bist. (…)
Ich werde dich begleiten und dir helfen, das Schöne zu sehen. (…)
Du bist nicht allein. (…)
Nun mach es dir erst einmal so bequem wie möglich. (…)
Wenn du die richtige Körperhaltung für dich gefunden hast, dann schließ deine Augen. (…)
Amte tief ein und aus, (…) ein und aus. (…)
Wenn du das nächste Mal bewusst ein- und wieder ausatmest, befindest du dich in einem Auwald. Hier beginnt dein Spaziergang, (…) mitten in der Natur, (…) umgeben von frischem Grün. (…)
Du kannst die unzähligen Pflanzen, die frische Erde und das Wasser der Bäche riechen. (…)
Den lehmigen Auenboden spürst du unter deinen Fußsohlen. (…) Er gibt bei jedem Schritt etwas nach. (…)
Du gehst sehr langsam, um die unberührte Natur auf dich wirken zu lassen. (…)
Du hörst verschiedene Vögel singen und Frösche quaken, (…) befindest dich mitten im lebendigen Auwald. (…)

Neben dir und über dir erstreckt sich eine prachtvolle, uralte Weide. (…)
Du berührst ihren kräftigen Stamm und kannst hören, wie sich die Blätter bewegen. (…)
Du gehst weiter zu einer hoch gewachsenen Eiche. (…)
Vor dich fällt ein Eichenblatt aus der Krone. Du fängst es mit deiner offenen Hand, (…) fühlst die Struktur des Blattes. (…)
Es raschelt im Baum. Du blickst nach oben und siehst ein Eichhörnchen von Ast zu Ast springen. (…)
Und du gehst langsam weiter. (…)
Neben dir fließt ein kleiner Bach. (…) Du hörst ihn gluckern. (…) Das Wasser sieht klar und frisch aus. (…)
Hier am Bach, umgeben von zahlreichen Lianen, hochgewachsenen Bäumen und den Tieren des Waldes möchtest du innehalten. (…)
Es ist ein Ort an dem du das Leben spürst. (…) Es ist ein Ort an dem du dich spürst. (…) Du setzt dich auf den Stamm eines umgefallenen Baumes und verweilst. (…)

(Zwei Minuten Entspannungsmusik einspielen und nur dann weitersprechen, wenn der Zuhörer sich nicht gewünscht hat, während der Fantasiereise einzuschlafen.)

Nun ist es Zeit zurückzukehren. (…)
Deine Reise durch den Auwald endet. (…) Deine inneren Bilder rücken in den Hintergrund. (…)
Du verabschiedest dich gedanklich vom Leben im Auwald mit der Sicherheit, dass du ihn zu jeder Zeit mit der Kraft deiner Fantasie besuchen kannst. (…)
Langsam kehrst du in das Hier und Jetzt zurück. (…)
Du nimmst die Geräusche deiner Umgebung wahr und spürst, wo du liegst oder sitzt. Langsam ballst du deine Hände zur Faust und bewegst auch deine Zehen.
Ich werde jetzt bis drei zählen und dann bist du wach und öffnest deine Augen. Eins (…) zwei (…) drei (…), du öffnest jetzt deine Augen und bist wach!

5.6 Trommelklänge am Lagerfeuer

Materialempfehlung zur Einstimmung:

Zur Einstimmung auf die Fantasiereise »Trommelklänge am Lagerfeuer« sollte der Raum abgedunkelt werden. Kerzenlicht und der Geruch eines abgebrannten Streichholzes unterstützen die Vorstellungskraft. Je nach körperlicher Verfassung und Gestimmtheit des Zuhörers kann zum Experimentieren mit einer oder mehreren Trommeln eingeladen werden. Vor und während der Fantasiereise eignen sich weiche, leise Trommelklänge.

Durchführung:

Ich lade dich ein auf eine Reise in die Welt der Fantasie. (…)
Such dafür eine bequeme Körperhaltung für dich, (…) eine Körperhaltung in der du dich jetzt entspannen kannst. (…)
Es ist deine Zeit. (…) Du darfst sie genießen und dich wohlfühlen. (…)
Wenn du eine bequeme Körperhaltung für dich gefunden hast, schließ deine Augen. (…)
Deine Gedanken kommen und gehen, (…) kommen und gehen. (…)
Atme langsam ein und aus, (…) ein und aus. (…)
Die Geräusche in deiner Umgebung stören dich nicht. (…) Du konzentrierst dich auf meine Stimme. (…)
Ich werde dich auf deiner Reise begleiten. (…)
Atme noch einmal bewusst ein und aus, (…) ein und aus. (…)
Nun hörst du die Trommelklänge. (…)
Du kommst den Trommelklängen immer näher und kannst sie deutlicher hören. (…)
Gleichzeitig nimmst du ein Knistern wahr. (…) Es ist das Knistern von brennendem Holz. (…)

Du riechst Rauch und siehst nun ein flackerndes Lagerfeuer. (…) Du näherst dich dem Feuer und kannst die angenehme Wärme spüren. (…)
Es wird immer wärmer und wärmer. (…)
Nun erkennst du auch, dass am Feuer jemand auf einer Trommel spielt. (…)
Am Lagerfeuer steht ein bequemer Stuhl mit einem Kissen und einer Decke. (…) Dieser Platz ist für dich. (…)
Wenn du möchtest, kannst du dich in die Decke kuscheln. (…)
Ganz bequem sitzt du am Feuer und spürst, wie dein Gesicht wärmer wird. (…)
Auch dein Oberkörper wird wärmer und wärmer. (…) An deinen Händen spürst du die angenehme Wärme des Feuers. (…)
Deine Füße, deine Unterschenkel und deine Knie fühlen sich angenehm warm an. (…)
Es weht ein leichter Wind, der die Flammen tanzen lässt. (…)
Es wirkt so, als würde das Feuer zur Trommelmusik tanzen. (…)
Du genießt die Trommelklänge und dein Blick versinkt in den leuchtenden, tanzenden Flammen. (…)
Und du verweilst. (…)

(Zwei Minuten entspannende Trommelmusik einspielen und nur dann weitersprechen, wenn der Zuhörer sich nicht gewünscht hat, während der Fantasiereise einzuschlafen.)

Nun atmest du tief ein und aus, (…) ein und aus. (…)
Du verabschiedest dich gedanklich vom wärmenden Lagerfeuer. (…)
Die Bilder vom Feuer und die Klänge der Trommel rücken in den Hintergrund. (…)
Du weißt, dass du dir diese Bilder mit der Kraft deiner Fantasie immer wieder zurückholen kannst. (…)
Die Geräusche deiner vertrauten Umgebung nimmst du wieder deutlicher wahr. (…)
Du erinnerst dich, wo du dich befindest und spürst die Unterlage unter dir. (…)

Die Wärme des Feuers kannst du weiterhin spüren. (…) Du nimmst sie mit in das Hier und Jetzt. (…)
Gleich werde ich langsam bis fünf zählen. (…) Wenn ich bei fünf angekommen bin, öffnest du deine Augen und bist wach. (…)
Eins, (…) zwei, (…) drei, (…) vier, (…) fünf. (…) Nun öffnest du deine Augen und bist wach.

5.7 Mit den Augen eines Vogels sehen

Materialempfehlung zur Einstimmung:

Für die Einstimmung auf die Fantasiereise »Mit den Augen eines Vogels sehen« eignen sich Federn, um an die Leichtigkeit eines Vogels zu erinnern. Bildmaterial aus der Vogelperspektive kann ebenfalls hilfreich sein und die Fantasie anregen.

Durchführung:

Mach es dir nun so bequem wie möglich und lass dir Zeit dabei. (…)
Finde eine Körperhaltung, in der du dich entspannen kannst. (…)
Wenn du bequem sitzt oder liegst, dann schließ deine Augen. (…)
Ich lade dich ein auf eine Reise, (…) eine Reise in die Welt der Fantasie. (…) Es ist eine Reise für dich, (…) eine Zeit, in der du dich entspannen kannst. (…)
Konzentriere dich nun auf deine Atmung. (…) Dein Brustkorb hebt sich und senkt sich, (…) hebt sich und senkt sich. (…)
Das geschieht von ganz allein, (…) mit Leichtigkeit. (…)
Atme nun bewusst tief ein und aus, (…) ein und aus. (…)
Du spürst die Unterlage unter dir. (…)
Dein Kopf liegt bequem. (…) Dein Nacken und deine Schultern lösen sich von jeglicher Anspannung. (…)
Deine Arme liegen bequem. (…)
Dein Oberkörper ist entspannt. (…)
Du spürst die weiche Unterlage unter deinem Becken. (…)
Deine Beine und deine Füße liegen entspannt. (…)
Du fühlst dich leicht. (…)
Deine Gedanken kommen und gehen, (…) kommen und gehen. (…)
Vor deinem inneren Auge erscheint ein Vogel. (…)

Er sitzt auf deinem Fensterbrett. (...)
Vielleicht ist es ein Vogel, den du schon häufig gesehen hast. (...)
Stell dir vor, du kannst jetzt mit seinen Augen sehen. (...)
Was kannst du vom Fensterbrett aus erkennen? (...)
Du siehst, was er sieht. (...) Du spürst, was er spürt. (...)
Du bist so frei, wie ein Vogel, der in der Luft zu Hause ist. (...)
Du bist ein Vogel. (...) Du spürst die Leichtigkeit, (...) kannst dich vom Wind treiben lassen. (...)
Von oben siehst du die Vielfältigkeit der Natur und des Lebens. (...)
Bunte Wälder, (...) grüne Wiesen, (...) Hügel, (...) Berge, (...) Täler, (...) Flüsse, (...) Seen, (...) das lebendige Meer, (...) Schiffe, (...) den Strand mit spielenden Kindern, (...) in der Ferne zahlreiche Straßen mit bunten Fahrzeugen, (...) Häuser, (...) Burgen, (...) Kirchen, (...) Türme, Leuchttürme. (...)
Wo möchtest du jetzt sein? (...)
Wo wirst du landen? (...) Such dir deinen Platz. (...)
Du kommst deinem Ziel immer näher. (...) Jetzt landest du. (...)
Was siehst du? (...) Was spürst du? (...)
Du verweilst an deinem Ort. (...)
Und du genießt die Umgebung, die du dir ausgesucht hast. (...)
Hier machst du eine Pause. (längere Pause)

(Wahlweise kann an dieser Stelle eine leise Entspannungsmusik eingespielt werden. Es wird nur dann weitergesprochen, wenn der Zuhörer sich nicht gewünscht hat, während der Fantasiereise einzuschlafen.)

Nun ist es Zeit, wieder zurückzufliegen. (...) Du fliegst wieder zurück zu deinem Fenster. (...)
Was siehst du mit den Augen des Vogels? (...)
Du kommst deiner vertrauten Umgebung immer näher und näher. (...)
Jetzt erkennst du das Fensterbrett vor deinem Zimmer, auf dem du gleich landen wirst. (...) Du schaust dich noch einmal um. (...)
Mit vielen neuen Eindrücken landest du auf deinem Fensterbrett. (...)

Deine Reise geht zu Ende. (…)
Du verabschiedest dich von dem Vogel. (…)
Gleich wirst du wieder mit deinen eigenen Augen sehen. (…)
Deine Fantasiebilder rücken in den Hintergrund. (…)
Nun bist du wieder in deinem Zimmer angekommen und nimmst die Geräusche und Gerüche deiner Umgebung wahr. (…)
Du spürst den Untergrund, auf dem du liegst oder sitzt. (…)
Du atmest ein und aus, (…) ein und aus. (…)
Die Leichtigkeit und Freiheit, die dir der Vogel mitgab, kannst du weiterhin in dir spüren. (…)
Langsam bewegst du deine Hände und Finger. (…)
Du bewegst deine Füße und die Zehen. (…)
Bei deinem nächsten Atemzug öffnest du deine Augen und bist wach.
Du öffnest deine Augen und bist wach.

5.8 Warmer Sommerregen

Materialempfehlung zur Einstimmung:

Zur Einstimmung auf die Fantasiereise »Warmer Sommerregen« kann man eine Gießkanne mit warmem Wasser füllen. Auf diese Weise lässt sich ein warmer Regen für die Hände und Füße nachempfinden.

Durchführung:

Mach es dir jetzt erst einmal richtig bequem, so bequem wie möglich. (…)
Finde eine Körperhaltung, in der du dich entspannen kannst. (…) Jetzt ist deine Zeit. (…)
Zeit, um zur Ruhe zu kommen und zu entspannen. (…)
Wenn du die richtige Körperhaltung für dich gefunden hast, dann lade ich dich ein auf eine Reise in die Welt der Fantasie. (…)
Schließ nun deine Augen und atme ganz ruhig ein und aus, (…) ein und aus. (…)
Du wirst merken, dass deine Gedanken kommen und gehen, kommen und gehen. (…)
Die Geräusche deiner Umgebung stören dich nicht. (…)
Du kannst dich mehr und mehr auf meine Stimme konzentrieren. (…)
Gedanken, die dich im Moment beschäftigen, versuchst du für einige Zeit in einer Kiste sicher zu verwahren. (…) Du wirst später Zeit finden, um dich wieder mit ihnen zu beschäftigen. (…)
Atme weiterhin ganz entspannt ein und aus, (…) ein und aus. (…)
Stell dir vor, es ist ein wunderschöner, warmer Nachmittag im Sommer. (…) Du sitzt auf einer bunten Blumenwiese. (…)
Vor dir siehst du einen See mit Booten. (…)
Nicht weit von dir entfernt steht ein Apfelbaum. (…)

Über dir ist der blaue Himmel mit einzelnen Wolken und der wärmenden Sonne. (...)
Du genießt den Ausblick über den See. (...)
Die langsamen Boote wirken beruhigend auf dich. (...)
Du spürst die wärmende Sonne auf deinen nackten Füßen, auf deinen Armen und auf deinem Gesicht. Am Himmel vermehren sich die Wolken, doch es bleibt angenehm warm. (...)
Mehr und mehr Wolken sammeln sich über dir. (...)
Nun spürst du warme Regentropfen auf deiner Haut. (...)
Einzelne warme Regentropfen landen auf deinen Füßen, auf deinen Armen und in deinem Gesicht. (...)
Langsam werden es mehr und mehr warme Regentropfen, die dich bedecken. (...)
Du beobachtest die Regentropfen, wie sie eins mit dem See werden und kleine Kreise ziehen. (...)
Du genießt den warmen Sommerregen und fühlst dich verbunden mit der Natur. (...)
Du hebst deine Arme und öffnest deine Hände, um die warmen Regentropfen intensiver auf deiner Haut zu spüren. (...)
Am Horizont siehst du einen zauberhaften Regenbogen. (...)
Du lächelst, (...) stehst auf, (...) drehst dich vor Freude und fängst an zu tanzen. (...)
Du spürst das frische, nasse Gras unter deinen Fußsohlen. (...)
Langsam spazierst du am See entlang. (...)
Einzelne Regentropfen erreichen dich noch. (...) Es werden weniger und weniger. (...)
Der Regenbogen verblasst langsam. (...) Und die wärmende Sonne trocknet dich. (...)
Du bleibst stehen und verweilst mit Blick auf den See. (...)

(Wahlweise kann an dieser Stelle für zwei Minuten eine leise Entspannungsmusik eingespielt werden. Es wird nur dann weitergesprochen, wenn der Zuhörer sich nicht gewünscht hat, während der Fantasiereise einzuschlafen.)

Nun verabschiedest du dich von deinem Sommernachmittag am See. (…) Es ist Zeit zurückzukehren. (…)
Du nimmst die Geräusche deiner Umgebung wieder intensiver wahr. (…)
Deine inneren Bilder rücken in den Hintergrund. (…) In deiner Fantasie kannst du zu jeder Zeit an diesen Ort zurückkehren. (…)
Jetzt spürst du deine Unterlage unter dir. (…) Langsam bewegst du deine Hände und deine Füße. (…)
Du atmest tief ein und aus, (…) und wenn ich bis drei gezählt habe, dann öffnest du deine Augen und bist wach. (…)
Eins, (…) zwei, (…) drei (…) und du bist wach.

5.9 Herbstwald

Materialempfehlung zur Einstimmung:

Zur Einstimmung auf die Fantasiereise »Herbstwald« eignen sich Kastanien, Eicheln und bunte Herbstblätter. Ein Behältnis voll Laub zum Fühlen, Riechen und Hören kann ebenfalls hilfreich sein.

Durchführung:

Ich lade dich ein auf eine Reise, eine Reise in die Welt der Fantasie. (…)
Mach es dir nun so bequem wie möglich. (…)
Finde eine Körperhaltung, in der du dich entspannen kannst. (…)
Wenn du eine entspannte Körperhaltung für dich gefunden hast, dann schließ deine Augen. (…)
Jetzt ist deine Zeit. (…) Du allein bist wichtig. (…) Alles andere kann warten, (…) es wird nicht vergessen. (…)
Deine Gedanken kommen und gehen, (…) kommen und gehen. (…)
Konzentriere dich nun auf deine Atmung. (…)
Entspannt und ruhig atmest du ein und aus, (…) ein und aus. (…)
Dein Brustkorb hebt sich und senkt sich, (…) auf und ab, (…) auf und ab. (…)
Du bist entspannt und ruhig. (…) Gedanklich kannst du dich fallen lassen. (…)
Du kannst dich fallen lassen, wie ein buntes Blatt, das sich vom Baum löst. (…) Es lässt sich vom Herbstwind tragen und gleitet langsam zu Boden, wo bereits viele Blätter liegen. (…)
Du fühlst dich sicher. (…)
Dir kann jetzt nichts geschehen. (…)
Du fühlst dich losgelöst wie ein buntes Herbstblatt. (…)
Stell dir vor, du spazierst durch einen Mischwald und es ist Herbst. (…)

Mit jedem Schritt, den du machst, nimmst du das Rascheln der Blätter wahr. (...)
Kastanien, Eicheln und farbige Blätter liegen auf dem Waldboden. (...)
Du hebst eine Kastanie auf und schaust sie dir an. (...) Sie glänzt und fühlt sich ganz glatt an. (...)
Du behältst die Kastanie in deiner Hand und gehst weiter. (...)
Nicht weit von dir entfernt steht eine Bank am Wegrand. (...) Die Bank lädt dich ein, an diesem Platz zu verweilen und du setzt dich. (...)
Nun blickst du in die Baumkronen, die von hellen Sonnenstrahlen durchdrungen werden. (...)
Die Sonne lässt die farbigen Bäume in einem besonderen Glanz erscheinen. (...)
Rot, (...) gelb, (...) orange, (...) braun, (...) grün. (...)
Ein leichter Wind weht. (...) Die Baumkronen und das Laub rascheln. (...) Du kannst den Wald riechen. (...)
Ein wunderschönes Ahornblatt fällt dir in den Schoß. (...)
Es ist gelb, (...) orange, (...) und rot. (...)
Du nimmst es in deine Hand und fühlst die Struktur des Blattes mit deinen Fingerspitzen. (...)
Du blickst auf, weil du ganz in deiner Nähe ein Rascheln wahrnimmst. (...) Vor dir siehst du ein Eichhörnchen mit einer Eichel. (...)
Es vergräbt die Eichel und bewegt sich geschwind in die Baumkrone einer alten Eiche. (...)
Du versuchst das Eichhörnchen weiter zu beobachten, kannst es aber nicht mehr sehen. (...)
Dein Blick verweilt in den farbigen Baumkronen. (...) Du kannst sehen, wie sich das Laub bewegt und einzelne Blätter fallen. (...)
Die Bewegung der Bäume und Blätter wirken beruhigend auf dich. (...)
Und du verweilst. (...)

(An dieser Stelle kann für etwa zwei Minuten leise Entspannungsmusik eingespielt werden. Es wird nur dann weitergesprochen, wenn der Zuhörer sich nicht gewünscht hat, während der Fantasiereise einzuschlafen.)

Nun wird es Zeit, die Reise zu beenden und zurückzukehren. (…)
Deine Fantasiebilder rücken langsam in den Hintergrund. (…)
Gedanklich verabschiedest du dich zunächst von deinem Herbstwald. (…) Du weißt, dass du an diesen Ort zurückkehren kannst, wenn du es möchtest. (…)
Nun nimmst du die Geräusche deiner Umgebung wieder bewusst wahr. (…) Und du erinnerst dich daran, wo du dich im Moment befindest. (…) Du spürst, wo du liegst oder sitzt. (…)
Du ballst deine Hände zur Faust und spürst die Energie, die dir der Herbstwald gegeben hat. (…) Nun versuchst du, deine Arme und Beine anzuspannen und zu strecken. (…).
Du entspannst deine Muskeln wieder und nimmst deine Entspannung wahr. (…)
Nach deinem nächsten Atemzug öffnest du deine Augen und bist wieder im Hier und Jetzt.

5.10 Winterspaziergang am Meer

Materialempfehlung zur Einstimmung:

Für die Fantasiereise »Winterspaziergang am Meer« werden eine Decke und ein Kissen benötigt. Der Zuhörer soll sich durch eine warme »Hülle« geschützt fühlen. Bildmaterial von der See im Winter kann die Reise in die Fantasiewelt erleichtern. Entspannungsmusik mit Meeresrauschen ist hier ebenfalls wirkungsvoll, aber keine Voraussetzung für eine erfolgreiche Entspannung.

Durchführung:

Mach es dir nun so bequem wie möglich. (…)
Kuschel dich in deine Decke ein, so dass dir nicht kalt ist und auch nicht zu warm. (…)
Im Liegen oder im Sitzen sollst du es dir gemütlich machen. (…)
Jetzt hast zu Zeit, um dich zu entspannen. (…)
Alle anderen Dinge, die dir wichtig sind und die du nicht vergessen möchtest, warten auf dich. (…)
Gedanklich legst du sie an einem sicheren Ort ab. (…) Du wirst später Zeit haben, um dich ihnen zuzuwenden. (…)
Mit meiner Stimme begleite ich dich auf eine Reise in die Welt der Fantasie. (…) Es ist deine Reise. (…) Es ist deine Zeit. (…) Nur du bist jetzt wichtig. (…)
Wenn du eine bequeme Körperhaltung gefunden hast, dann schließ deine Augen. (…)
Die Geräusche deiner Umgebung stören dich nicht. (…) Mehr und mehr gelingt es dir, dich auf meine Stimme zu konzentrieren. (…)
Deine Gedanken kommen und gehen, (…) kommen und gehen. (…)
Konzentriere dich nun auf deine Atmung. (…)

Ruhig und entspannt atmest du ein und aus, ein und aus. Es fällt dir nicht schwer zu atmen und deinen eigenen Rhythmus zu finden. (…)
Du empfindest eine angenehme Wärme. (…) Deine Arme sind warm. (…) Deine Hände sind warm. (…)
Dein Oberkörper fühlt sich warm an. (…) Deine Beine sind angenehm warm. (…) Deine Füße sind warm.
Du bist warm angezogen. (…) Eingehüllt in einen wärmenden, schützenden Mantel. (…)
Es ist Winter. (…) Draußen sind minus 10 Grad. (…) Es liegt Schnee. (…) Du bist bereit für einen erfrischenden Winterspaziergang. (…)
Du verlässt dein vertrautes, warmes Zimmer und begibst dich in die Winterlandschaft. (…)
Alles ist weiß, mit Schnee bedeckt. (…) Die Landschaft wirkt beruhigend auf dich. (…)
Felder sind mit Schnee bedeckt. (…) Bäume sind mit Schnee bedeckt. (…) Auf den Dächern liegt Schnee.
Alles wirkt ruhig und friedlich. (…)
Du läufst durch den Schnee. (…) Hinterlässt Spuren. (…)
Ein frischer Wind weht dir ins Gesicht. (…) In deinem Mantel fühlst du dich geschützt. (…)
Nachdem du ein Stück gelaufen bist, erreichst du das Meer. (…)
Du kannst die See hören (…) und nun kannst du sie auch sehen. (…)
Der Strand ist ebenfalls mit Schnee bedeckt. (…)
Sogar das Wasser ist wenige Meter vom Strand entfernt mit Eis und Schnee bedeckt. (…) Eisschollen bewegen sich mit dem Rhythmus der Wellen. (…) Ein Anblick, der dich fasziniert. (…)
Du gehst auf den gefrorenen, schneebedeckten Strand, um näher am Wasser zu sein. (…)
Auf einigen Eisschollen sitzen Möwen und lassen sich treiben. (…)
Mit den Wellen bewegen sie sich auf und ab, (…) auf und ab. (…)
Die Eisschicht klirrt, wenn die brechenden Platten auf dem Wasser aneinanderstoßen. (…)
Die schneebedeckten Eisschollen bewegen sich leicht mit den Wellen in Richtung Strand (…) und wieder zurück auf die See. (…)

Sie kommen näher und bewegen sich wieder zurück. (…)
Hin und her, (…) hin und her, (…) auf und ab, (…) auf und ab. (…)
Du hast Glück dieses Naturschauspiel zu erleben. (…) Nicht jedes Jahr gibt es dies hier zu sehen. (…)
Du genießt den Blick aufs Meer mit den beruhigenden, gleichmäßigen Bewegungen der Wellen. Und du verweilst, gewärmt und geschützt in deinem Wintermantel. (…)

(An dieser Stelle kann für etwa zwei Minuten leise Entspannungsmusik mit Meeresrauschen eingespielt werden. Es wird nur dann weitergesprochen, wenn der Zuhörer sich nicht gewünscht hat, während der Fantasiereise einzuschlafen.)

Nun wird es Zeit, in dein warmes, vertrautes Zimmer zurückzukehren. (…) Deine Fantasiereise geht zu Ende. (…)
Du verabschiedest dich von deinen inneren Bildern.
Sie rücken jetzt in den Hintergrund und du kannst sie zu jeder Zeit wieder zurückholen. (…)
Von der kühlen, klaren Ostseeluft fühlst du dich gestärkt und erfrischt. (…) Das bleibt dir von deiner Reise. (…)
Du nimmst deine warme, vertraute Umgebung wahr, (…) erinnerst dich, wo du dich befindest. (…) Du spürst einen weichen Untergrund und weißt, wo du liegst oder sitzt. (…)
Ich zähle gleich bis fünf und wenn ich bei fünf angekommen bin, dann öffnest du deine Augen. (…)
Eins, (…) zwei, (…) drei, (…) vier, (…) fünf. Du öffnest jetzt deine Augen und bist wieder im Hier und Jetzt.

5.11 Dankbarkeit

Materialempfehlung zur Einstimmung:

Für die Durchführung der Fantasiereise »Dankbarkeit« sollten Sie mit der Biografie des Zuhörers vertraut sein, da Erinnerungen hervorgerufen werden. Diese Fantasiereise eignet sich besonders für Zuhörer, die sich dankbar und positiv über Erlebnisse der Vergangenheit und ihr Zuhause äußern. Diese positiven Gedanken sollen während der Reise in den Vordergrund des Bewusstseins rücken und wieder lebendig werden. Vielleicht gibt es persönliche Fotografien, Bilder oder Gegenstände von emotionaler Bedeutung, die zur Einstimmung gemeinsam betrachtet werden können. Wenn es sich ergibt, kann im Vorfeld über Erinnerungen gesprochen werden.

Durchführung:

Jetzt ist deine Zeit. (…)
Nimm eine möglichst bequeme Körperhaltung ein. (…) Konzentriere dich dabei allein auf dich. (…)
Spüre, ob du bequem sitzt oder liegst. (…)
Wenn du eine bequeme Körperhaltung für dich gefunden hast, schließe deine Augen. (…)
Und achte auf deine Atmung. (…) Atme ganz entspannt ein und aus, (…) ein und aus. (…) Dein Atem ist ruhig und entspannt. (…)
Du hast jetzt Zeit, zu dir zu finden. (…) Dafür begleite dich auf eine Reise, (…) eine Reise zu dir selbst. (…)
Es ist genau die richtige Zeit für diese Reise. (…) Du wirst alles dabeihaben, was du brauchst, um du selbst zu sein. (…)
Vor deinem inneren Auge erkennst du einen Ort. (…) Dieser Ort ist dein Zuhause. (…)

Woran erkennst du, dass es dein Zuhause ist? (...)
Was ist dir vertraut? (...)
Wofür kannst du in deinem Zuhause dankbar sein? (...)
Vielleicht sind in deinem Zuhause Bilder, (...) Fotos, (...) Möbel, (...) Gegenstände, die Erinnerungen in dir wecken, (...) schöne Erinnerungen, (...) wertvolle Erinnerungen. (...)
Erinnerungen, die zu dir gehören, (...) Erinnerungen für die du dankbar bist. (...)
Was sind das für Erinnerungen? (...)
Was ist deine schönste Erinnerung? (...)
Vielleicht zaubert dir diese Erinnerung ein Lächeln ins Gesicht. (...)
Teilst du diese Erinnerung vielleicht mit anderen Menschen? (...)
Sind das Menschen, die dir lieb und wichtig sind? (...)
Behalte dieses Erinnerung, dein Lächeln und deine Dankbarkeit in dir. (...) Es ist deine Erinnerung. (...)
Denk nun an kürzlich vergangene Tage. (...)
Gab es an jedem Tag etwas, für das es sich lohnt, Dankbar zu sein? (...)
Fällt dir da etwas ein? (...)
Vermutlich sind es nur Kleinigkeiten. (...)
Sie sind dennoch wertvoll. (...)
Vielleicht konntest du einem anderen Menschen eine Freude machen? (...) Vielleicht hat dir jemand eine Freude gemacht? (...)
Konntest du die Sonne genießen? (...) Oder den Regen (...) oder den Wind? (...) Konntest du Vögel hören und beobachten? (...)
Hattest du eine schöne Begegnung? (...)
Vielleicht war es nur ein freundliches Winken vom Fenster aus? (...)
Oder eine andere lieb gemeinte Geste. (...)
Du hast jetzt Zeit, an etwas zu denken, was dich mit Dankbarkeit erfüllt. (...)
Diese positiven Gedanken zeigen dir, dass jeder Tag wertvoll ist. (...)
Diese positiven Gedanken zeigen dir, dass jede Stunde wertvoll ist. (...)
Diese positiven Gedanken zeigen dir, dass jede Minute wertvoll ist. (...)
Diese positiven Gedanken zeigen dir, dass du wertvoll bist. (...)
Was erfüllt dich mit Dankbarkeit? (...)

(An dieser Stelle kann zwei Minuten ruhige Entspannungsmusik abgespielt werden. Es wird nur dann weitergesprochen, wenn der Zuhörer sich nicht gewünscht hat, während der Fantasiereise einzuschlafen.)

Nun ist es Zeit, wieder in das Hier und Jetzt zurückzufinden. (…)
Deine inneren Bilder verblassen langsam. (…)
Atme tief ein und aus, (…) ein und aus. (…) Halte dabei an deinen positiven Gedanken und deiner Dankbarkeit fest. (…)
Atme noch einmal tief ein und aus, (…) ein und aus. (…)
Du bewegst vorsichtig deine Hände und deine Finger, (…) deine Füße und deine Zehen. (…)
Ich zähle gleich bis drei. Wenn ich bei drei angekommen bin, dann öffnest du die Augen und bist wieder wach!
Eins, (…) zwei, (…) drei (…). Öffne nun deine Augen!
Du bist wach und wieder hier im Raum angekommen.

6 Ausblick

Für die Fantasiereisen ließ ich mich von Gesprächen mit kranken und sterbenden Menschen inspirieren. Ihre Erinnerungen, Sehnsüchte und Träume sowie meine eigenen Fantasien und Erlebnisse sind hier niedergeschrieben. So unterschiedlich wie die Menschen sind, so individuell sind auch ihre Bedürfnisse. Ich möchte ermutigen, meine Fantasiereisen in der Begleitung schwer erkrankter Menschen und in anderen Lebenssituationen einzusetzen. Jede Fantasiereise kann inhaltlich an die Wünsche des Zuhörers angepasst werden. Beispielsweise können Lieblingsfarben, Lieblingsorte oder vertraute Gegenstände ergänzt bzw. ersetzt werden. Vielleicht entstehen auch ganz neue Fantasiereisen.

Literaturverzeichnis

Borasio, Gian Domenico (2012): *Über das Sterben. Was wir wissen. Was wir tun können. Wie wir uns darauf einstellen.* C.H. Beck Verlag, München.

Deutscher Hospiz- und PalliativVerband e.V.: *Hospiz- und Palliativversorgung.* http://www.dhpv.de/themen_hospiz-palliativ.html (Letzter Zugriff: 14.6.2017, 18:00 Uhr)

Driessner, Helmar (2008): *Reisen ins Abenteuerland. Phantasiereisen für Erwachsene, Jugendliche und Kinder.* Junfermann Verlag, Paderborn.

Feddersen, Bernd / Seitz, Dorothea / Stäcker, Barbara (2015): *Der Reisebegleiter für den letzten Weg. Das Handbuch zur Vorbereitung auf das Sterben.* Irisiana Verlag, München.

Hiller von Gaertringen-Krapf, Manuela (2005): *Fantasiereisen. Traumreisen. Zum Vorlesen.* Pro BUSINESS GmbH, Berlin.

Kübler-Ross, Elisabeth (2012): *Erfülltes Leben – würdiges Sterben.* Wilhelm Goldmann Verlag, München.

Petermann, Ulrike (2010): *Entspannungstechniken für Kinder und Jugendliche. Ein Praxishandbuch.* Beltz Verlag, Weinheim und Basel.

Tausch, Daniela / Bickel, Lis (2013): *Die letzten Wochen und Tage. Eine Hilfe zur Begleitung in der Zeit des Sterbens.* Veröffentlicht von: Diakonie Deutschland, Krebsverband Baden-Württemberg e.V..

Verbraucherzentrale NRW (2005): *Ein Lebensende in Würde. Ratgeber für Sterbebegleitung und Trauerfall.* Verbraucherzentrale NRW, Düsseldorf.